AF189686

Für das Leben, erneut … all'unisono

Mein Dank geht an die Macher von *1001fonts.com*, *fontsquirrel.com* und *dafont.com*, ohne die das Buch nicht hätte realisiert werden können.

Bisher erhältlich:

Ich LIEBE meinen Tumor (4. Mutation)
Ich LIEBE meinen Turmor (5. Mutation)
Chrysalis (Kurzgeschichten Band 1)
Fragmente (Kurzgeschichten Band 2)
WAHRHEIT
WAHNSINN

In Planung:

Ich LIEBE meinen Turmor (6. Mutation)
Raub (Kurzgeschichten Band 3)
Zeitgeist (Kurzgeschichten Band 4)
Wir EINEN (Kurzgeschichten Band 5)
Die ANDEREN (Kurzgeschichten Band 6)
WIRRWARR

Weitere Infos unter:　　*www.bod.de/buchshop*
　　　　　　　　　　　guidovobig.com
　　　　　　　　　　　www.ichliebemeinentumor.de

Guido Vobig

WAHNSINN

Gedankenfischerei, Science-Poetry, Typoesie, Wortkunst

Bibliographische Information der Deutschen Nationalbibliothek:
Die Deutsche Nationalbibliothek verzeichnet diese Publikation in der Deutschen Nationalbibliografie; detaillierte bibliografische Daten sind im Internet über http://dnb.dnb.de abrufbar.

© 2018 Guido Vobig

Herstellung und Verlag: BoD – Books on Demand, Norderstedt

ISBN 9783746006628

Nimmt sich

Lithium.

EIN Wahnsinnselement.

Seine Nutzung vielfältig.

Bei psychischen Störungen eingesetzt.

Lithium.

Lithium.

EIN Wahnsinnselement.

Aufgrund seiner Leichtigkeit.

Mobil und ungebunden zugleich.

Lithium.

Lithium.

EIN Wahnsinnselement.

Manisch, unter Strom.

Depressiv, wenn dieser versiegt.

Bleischwer.

Mensch zu sein,
    es bedeutet,

    zu werden.

E

Fotos sollen erhalten bleiben,

Erinnerungen bewahrt,

Normen in der Norm

und Fakten Fakt,

nebst unveränderten Küstenverläufen,

ewig gleichen Meeresspiegeln und

Gletschern, die nie weichen.

Bleibhaftigkeit, des menschen

Einverleibung von Lebendigkeit?

EINANDER
ÄHNLICHES
FINDET

ZUEINANDER

DURCH
DAS
UNÄHNLICHE.

N

EIN Geschenk.
EINE Aufmerksamkeit.
Um zurück ins Leben zu finden.
Die Gelegenheit? So goss ich sie jeden Tag.
Mit all meinen Sorgen. Meine Ängste gab ich ihr.
Einen jeden Morgen. Die Blätter gediehen prächtig.
In vielerlei Gestalt. Die Blüten würden sicher
zahlreich kommen. Bald. Tatsächlich, eines
Tages, derer viele. Tiefschwarz.
Ihr Duft schwer, dennoch
zart. Wie frisches Harz.
Die Tage vergingen.
Die Nächte kamen.
Sorgen.
Ängste.
Morgen.
Morgen.
Ängste.
Sorgen.
Sorgen.
Ängste.
Morgen.
Eines Morgens, in aller Frühe, warf ich ihn fort. Den
Blumentopf. Sieh nur hin, er steht nicht mehr dort.
Grün waren die Ränder der Blätter geworden.
Farben, sie hatten die Blüten verdorben.
Die Pflanze im Topf, wie konnte
es sein, sie war verwelkt.
Über Nacht. Vorbei.

E

Die natürliche Verwobenheit kann seitens der Menschen nicht perfektioniert werden.

Wird die Perfektionierung dennoch der Künstlichen Intelligenz aufgetragen, vernichtet der Auftrag das Gespür für die Verwobenheit und setzt er Künstliches mit dem Natürlichem gleich.

EIN fortschreitender Prozess, in dem das Menschsein immer unbedeutender wird.

WAHRER Fortschritt, der informative Feedbacks nicht mit Füßen tritt und so Wiegen bewahrt, in denen Neues aus dem Vorherigen hervorzugehen vermag.

Ausgedrückt durch EINEN technologischen Fortschritt, der Wiegen mit Füßen tritt, Feedbacks begradigt und Gräber hinterlässt; dient auf lange Sicht einzig den Wiegenschändern und Grabräubern.

Fortschreitende Probleme, sie haben keine Grenze, jenseits welcher sie uns als untragbar erscheinen.

Solange sie l a n g s a m genug geschehen, können sie immer **schlimmer** werden, ohne als **schlimmer** werdend empfunden zu werden.

ρ

JE VORDERGRÜNDIG MAN

DEN FAKTEN FOLGT, DESTO MEHR

VERSCHIEDENE HINTERGRÜNDE

WERDEN ERMÖGLICHT, DESTO TIEFER

ABER AUCH DIE ABGRÜNDE , DIE

VORDERGRUND + HINTER-

GRÜNDE MITEINANDER VERBINDEN.

REALITÄT: VORDERGRUND ?

WIRKLICHKEIT: HINTERGRÜNDE ?

ZEITGEIST, DIE VERKÖRPERUNG ALL

DER ABGRÜNDE ?

EINE Beziehung zu einem Rohstoff zu bilden und diesen Rohstoff handzuhaben, geht aus dem Vermögen EINES Körpers hervor, um den ausgeglichenen Austausch von Energie zu ermöglichen.

Gewinnt dagegen Beziehungslosigkeit die Oberhand über jegliches Handwerk, breitet sich das Unvermögen von Ausgeglichenheit aus – während einzig die Oberhand sich den finanziellen Gewinn einstreicht und so das Handwerk an Bedeutung verarmt, bevor sich die Verarmung auf den gesamten Körper ausweitet.

Z

Wir EINEN erschaffen IMMER MEHR Probleme und rennen **IMMER SCHNELLER** der Erfüllung unserer Vorstellung von Harmonie hinter-her, weil **IMMER MEHR** Menschen **IMMER SCHNELLER IMMER MEHR** Energie zur fortwährenden Verfügung steht.

i

Ökonomisch profitabel.

profitabel

ekologisch katastrophal.

katastrophal

KOMPLIKAⵠTIONEN ⅠⅠⅠⅠⅠN DER OⅠⅠⅠO ANWENDUNG NEUER TECHNO------ LOOOGIEN WERDEN OOⅠⅠⅠOOⅠⅠⅠOOⅠO LAⵠⵠNGWⅠⅠERⅠⅠⅠGER UND WEIT----- REICHENDER, KOSTENⅠⅠNTENSIVER FÜR MENSCH.UND.NATUR --- UND SIE TRAⵠGEN SICH IMMER ÖFTER ZUX.

S

Fragilität baut aufeinander auf, somit bewirkt EIN moderner Computer mehr Fragilität, als es die erste Dampfmaschine tat, weil der Computer alle Raubzüge, Kontextverluste und verlorenen Feedbacks ... und damit **Gräber** ... in sich vereint, die zu seiner Entwicklung, **von der Dampfmaschine an**, geführt haben. Daher muss immer tiefer, **und weitreichender an Auswirkungen**, gegraben werden, um die jeweils aktuelle Fragilität vergraben zu können. Technologischer Fortschritt ist demnach EINE Rekursion, die immer tiefer geht, damit die, **mittels EINES solchen Fortschritts,** angedachte Lösung nicht auffliegt - als altlastende und älter und lästiger werdende

PROBLEMVERDICHTUNG

EINER Spezies, die sich so selbst zu Grabe trägt.

Die Spezies Mensch, dreifach **K.o.**
durch ihre Form des Fortschritts:

K.o.mplexitätsannahme
K.o.härenzverlust
K.o.ntextauflösung

Wer kämpft hier gegen wen?
Wer ist der Ringrichter?
Zählt dieser schon?
Braucht es EINEN solchen Kampf?
Es? Natürlich das Leben!

Je geradliniger der Weg, desto mehr

Dekohärenz sammelt sich unterwegs an.

i

Wild zu sein,
es bedeutet:

Befreit von sämtlichen
Emotionen, den Gefühlen
freien Lauf lassen.

Em😊jis, EIN wuchern-
der Ausdruck von
Gefühlsl👀sigkeit?
👹der EIN anderer
Ausdruck für EINE
betäubte Gesellschaft?

Mitunter fatal ist die angedichtete
Verdichtung der natürlichen
Verwobenheit auf **EINEN** festen Punkt.

ʰ

Solche Punkte sind:
extrovertierte Messwerte,
laute(r) Datensätze,
geheime Konten voller Geld,
einstudierte Studien.

Was ist mit **EINEM** Wort?

EIN Buch, so paradox
wie die Menschheit
EIN Paradoxon ist?
Vor allem, wenn es
EIN Buch der Dichtung ist,
in dem sich die Geschichte reimt?

Kommunikation:
simplifizierte Kommunion,
degeneriertes Hörensagen,
Vereinfachung **EINER** lebendigen
Begegnung auf Augenhöhe.

Kommunion bewahrt Kontexte,
Kommunikation bricht sie auf.

Der folgenreichste Hebel, der jedweden
Kontext aushebelt: die Schrift.

EIN Paradoxon reiht sich an **EIN** weiteres.

EINANDER näherkommen, durch maximale
Distanzierung von der WAHRHEIT?

t

Je weniger
Bindungen, desto
größer
wird das Verlangen
nach Sicherheiten.

... WAHRHEIT.

EINE Suche.

Du fragst Maschinen.

Du bekommst Antworten zuhauf.

Weiter.

WAHNSINN.

Begegnest Symptomen.

Fragst immer weiter.

Bekommst immer mehr Antworten.

Schneller.

WIRRWARR

Kein Ende.

Schwindel und Lügen.

Du beginnst von vorn.

Suchst ...

i

Wahnsinn ist das Schmieden EINES Planes mit Energie, die am Ort der Schmiede nicht ausreichend vorhanden ist.

Der Hammer, mit dem der Plan in Form gebracht wird, dient dem Austreiben von Unvorhersehbarkeiten. Eingraviert im Hammer steht: Propaganda, Bildung, Erziehung, Werbung, Fakten, Nudging. Geschwungen wird er mit geraubter Energie. Folge der Energie – und du siehst, wo der Hammer hängt.

ᴍ

Moderne Wurzelbehandlung

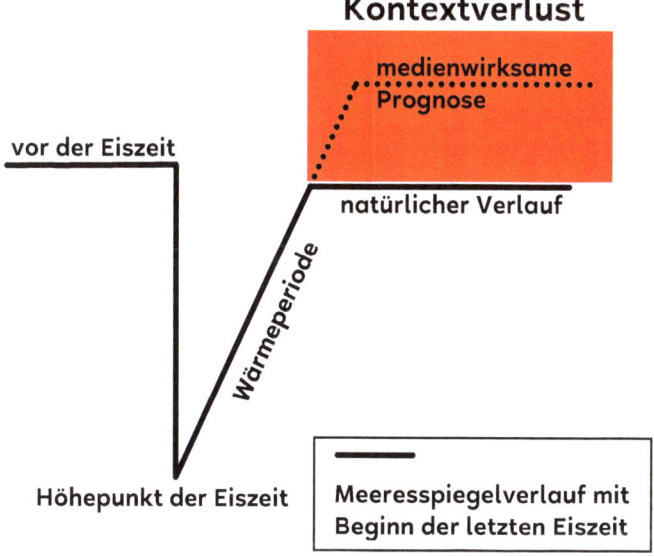

Kontextverlust

medienwirksame
Prognose

vor der Eiszeit

natürlicher Verlauf

Wärmeperiode

Höhepunkt der Eiszeit

Meeresspiegelverlauf mit
Beginn der letzten Eiszeit

Rot prangt die Schlagzeile und verkauft sich als faktische Wahrheit. Die Meeresspiegel steigen, schreit sie. unaufhörlich.

So scheint es, dringt man nicht bis zur Wurzel vor und behandelt man das vermeintliche Problem nur an der Oberfläche.

Bezöge man den gesamten Werdegang des Problems mit ein, stünde auch die Wahrheit Schwarz auf Weiß und nicht **Schwarzmalerei** auf Rot: Es steigt das Wasser schon seit Ewigkeiten und das vermeintliche Problem, es ist EIN ganz anderes.

Oder ANDERS betrachtet: Es gibt überhaupt kein Problem. Verrückt, oder? Oder WAHNSINN!

DAS GRÖSSTE ALLER GEFÄNGNISSE:

KAUSALITÄT.

Science Fiction entfernt sich immer mehr von der **Wirklichkeit**, während die **Realität** immer schneller von der **Wirklichkeit** fortschreitet. **Wirklichkeit** ist als kohärente Verwobenheit von Informationen zu verstehen, die wesentlich für das Leben als Ganzes sind. Die **Realität** hingegen ist bereits schon EINE Welt entwurzelter Informationen, die mehr und mehr in Daten verstrickt wird, Unwesentliches immer energielastiger in berechenbare Vordergründe drängend.

Science Fiction ist EINE von riesigen Datenbergen umzingelte künstliche Terra Cognita, der die wesentlichen Hintergründe des Lebens zunehmend zu entgleiten drohen. Dass **Science Fiction** Wirklichkeit wird, ist EINE zeitgeistige Lüge, um der Künstlichen Intelligenz profitablen Zugang zum Leben zu gewähren, auf dessen Kosten sie sich dann weiter ausbreiten kann. Die einfache WAHRHEIT, sie lautet: ◯

Wir sehnen uns zwar nach der **Wirklichkeit**, aber finden werden wir sie keineswegs mit Künstlicher Intelligenz – im Gegenteil, wir werden mit ihrer Hilfe ewig weiter nach ihr suchen. 🚀

Verrückt ist EINE Gesellschaft, die glaubt, das Leben sei von Normen beherrscht und durch weitere Normierung weiter beherrschbar.

Verrückt von den Vorstellungen EINER Gesellschaft zu sein, es bedeutet nicht zwangsläufig, den Verstand verloren zu haben.

t

Um zu begreifen, was mit der Natur geschieht, muss der Mensch akzeptieren, welchen Weg er gegangen ist …

… und was unterwegs geschah.

WELCHE ZWEI EREIGNISSE SIND IN DER LAGE, DAS GESAMTE LEBEN AUF DIESEM PLANETEN ZU VERNICHTEN?

ENTWEDER IST DER ENERGIEEIN-FLUSS ZU GEWALTIG ODER ABER DER EINFLUSS VON ENERGIE BLEIBT KOMPLETT AUS.

MIT ALLEM ANDEREN KOMMT DAS LEBEN ZURECHT UND VERKÖRPERT SICH DER ENERGIE ENTSPRECHEND.

Bilder erleichtern das Lügen enorm. Sie erscheinen umso eher als Wahrheit, je kürzer die Schlagzeile ist, die sie begleitet.

NICHTS BLEIBT, WIE ES IST.

UND WENN ES BLEIBEN SOLL.

WIE ES NICHT BLEIBEN KANN,

DANN KANN MAN MIT

DATEN VEREINFACHT NEUE

KONTEXTE SCHAFFEN –

UND MIT GROSSEN

DATENBERGEN

AUCH GANZE KONTEXT-

GEBIRGE VERSETZEN.

t

Das Klima ist kein Foto, das EINEN Augenblick festhält, von dem man sich wünscht, er möge nie vergehen.

EINEM Wahnsinn lässt sich mit einer einfachen Formel begegnen, die nicht zu vereinfachen ist. Nur so vermag die Kette zu brechen, die uns EINEN an den Zeitgeist gekettet hält.

Die Formel, ein Kettenbruch, steht für PHI, den Goldenen Schnitt, und legt die LIEBE zum Leben aller einzelnen Lebewesen klar, die im Sinne des Lebens die HARMONIE verkörpern. Oder EIN wenig ANDERS ausgedrückt:

PHI(L)HARMONIE
d

Vernetzung mit Energieraub:

World Wide Web

Natürliche Verwobenheit:

World Wide Web ohne Energieraub

K I

Künstliche Intelligenz ?

Keine Individualität !

Kompletter Irrsinn !

Korrupierende Ideologie !

Kranke Idee !

Kohärenz Inverso !

Körpervermögende Insolvenz !

Kastriertes Interesse am Leben !

S

Von den Dächern

twittern es die  :

Ein Individuum muss die eigene

Anteilnahme am Leben nicht

fortwährend der Welt mitteilen.

89 Zeichen

Und Gott sprach: Es werde Licht! Und es ward Licht – weil EIN Teil des Lebens sich plötzlich fragte, ob das erhellte Leben nicht noch andere Möglichkeiten bieten könnte.

Seit das Licht angeknipst wurde, nehmen die Ängste EINER Spezies vor der Dunkelheit zu. Ängste, die sich im technologischen Fortschritt widerspiegeln, solange EINE Spezies unter Strom steht. Was die Ängste zu beruhigen vermag?

EIN Gott – EIN Chiffre.
Wofür es steht?
Für EIN Notstromaggregat.
In allen Sprachen.

Grundlage in der Natur:

Alles baut auf <u>einfachen</u> Lebensformen auf, die notwendig sind.

Grundlage unserer Kultur:

Immer mehr baut auf möglichst
<u>vereinfachten</u> Lebensräumen auf.

EIN Kampf,

egal gegen was

und wen gerichtet,

ist sinnlos,

solange Vereinfachungen

EINEN Kampf bedingen,

der befangen

und die Vereinfacher

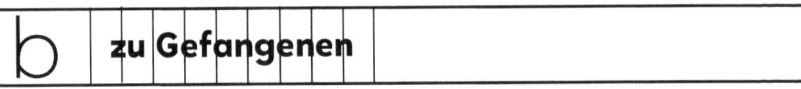

zu Gefangenen

der eigenen

Methode macht.

Vereinfachungen,
sie sind nicht radikal genug,
um wirklich zur WAHRHEIT
zu gelangen,

 e

Radikalisierung
ist oftmals die vereinfachte
Erklärung für das
Ausmaß moderner
Gesellschaftsprobleme.

Die Vereinfachung setzt das Einfache voraus. Das Einfache ist immer die Motivation für alle Vereinfachungen, obwohl es durch Vereinfachungen nicht erreichbar ist, sondern vielmehr genau das Gegenteil NIE erreicht wird.

Verrück ∩ t.

HARMONIE.

Minor und Major.

Eine gegenläufige Polarität.

Wie Beutetier und Jäger.

Spannung.

Spannung.

Kreative Schöpfung.

Leben **LIEBT** Spannung.

Sie auszuhalten, unser Unvermögen.

Entspannung.

Harmonie.

EIN Wohlfühlklima.

Verlust der Biosphäre.

Ersetzt durch EINE Technologie.

Scheinwelt.

S

DEM EIGENTLICHEN URSPRUNG EINER TUMORERKRANKUNG AUF DIE SPUR ZU KOMMEN GELINGT UNS IMMER WENIGER, WEIL WIR ES KAUM ERTRAGEN, IM EIGENEN SPIEGELBILD, OFTMALS, AUCH DEN URSPRUNG DES TUMORS ZU ERKENNEN.

DIE WELTWEITE VERBREITUNG DES KREBSES, IN DEN VERKÖRPERUNGEN DES LEBENS, IST DER WELTKRIEG DES LEBENDIGEN GEGEN SICH SELBST.
ALLEN VORAN AUSGEFOCHTEN IN UNS MENSCHEN, DURCH UNS SELBST.

SPIEGLEIN, SPIEGLEIN,
IN DESSEN MASSE ICH VERWEILE,
WER IST DAS NUR, DEN ICH DORT SEH'?

SPIEGLEIN, SPIEGLEIN,
BIN ICH DAS WIRKLICH,
DEN ICH BLIND VERNEINE,
BIN ICH ES, DEN ICH NICHT VERSTEH' ?

Wir EINEN:
Könnte. Hätte. Wäre.

Die ANDEREN:
Kann. Habe. Bin.

Die Motivation für
Künstliches, der Treibstoff
unseres Fortschritts, es ist
EIN Konjunktiv. Der zweite.
Jener, der für unerfüllbare
Wünsche steht.

Der **!mperativ** technologischen Fortschritts lautet:

Zum Wohle Einzelner **!**
Auf Kosten Aller **!**
Auch der Einzelnen **!**
Irgendwann **!**

a

h

UN
BE NUR
RECHEN
BAR
KEIT IST
WIE ANDERS,
SAUER
DENN STOFF.
OHNE
SAUERSTOFF KANN
LEBEN LEBEN.

Offensichtlich kann das Vermögen der ANDEREN, die HARMONIE zu wahren, nur gelingen, wenn das Verhältnis der Kleinsten und Kleinen zu den Größeren und Großen zugunsten der Winzlinge ausfällt. Somit kommen die Kleinen groß raus und die Großen müssen letztendlich klein beigeben, damit der Goldene Schnitt die HARMONIE leibhaftig verkörpern kann.

r,

Was es mit Daten wirklich auf sich hat?

Die modernen Tulpenzwiebeln namens Bitcoins taugen diesbezüglich als klärendes Symptom zunehmender Datenlast. Kaum EINEM, der mit ihnen handelt, dürfte klar sein, dass sie mit EINEM Informationsmangel handeln und glauben, sich daran bereichern zu können, wobei sie durch ihr HANDELN einzig den Verlust EINES wesentlichen Vermögens bezeugen, denn womit sie wirklich HANDEL treiben, ist Energie – geraubte Energie, steht Sicherheit doch immer höher im Kurs, damit man selbst, als Handelstreibender, nicht seines Raubgutes, als Getriebener, beraubt werden kann.

Wir **EINEN** testen vermehrt die Grenzen unserer Technologien aus und lassen die Möglichkeiten unseres Körpers verkümmern. Die **ANDEREN** aber gehen immer selbst bis an ihre eigenen Grenzen.

b

Der Mensch erntet, was sein Fortschritt sät.
Er ignoriert den Kontext,
in dem die Saat ausgebracht wurde,
und erkennt anhand dessen,
was er erntet,
nicht die Symptome des Mangels,
an dem seine
Ernte darb

HAI-TECH

Dass wir EINEN das Ⓒopygift der ANDEREN nicht zu würdigen wissen und, die Idee der ANDEREN unsererseits, mit EINEM Ⓒopyright sowie mit Markenrechten belegen, ist mit EINER **der** Gründe, warum der Hai, seiner langlebigen Einzigartigkeit wegen, längst um sein Leben schwimmen muss.

WIR EINEN SCHÄTZEN KEINE FEHLER UND ERBAUEN FRAGILE SYSTEME, IN DENEN FEHLER FATALE FOLGEN HABEN KÖNNEN. DIE ANDEREN ERRICHTEN AUS VERMEINTLICHEN FEHLERN JEDOCH EIN ANTIFRAGILES HAUS, DESSEN TÜR DEM LEBEN STETS OFFENSTEHT, OHNE DASS DER EINTRITT IN DAS HAUS ERST ENTSCHLÜSSELT WERDEN MUSS.

Verliert EIN Lebewesen sein Gefühl für Kohärenz,
wird es **UNMENSCHLICH**.

Verlieren ANDERE Lebewesen ihr Gefühl für Kohärenz,
werden sie **MENSCHLICH**.

MENSCHSEIN: EIN Paradoxon
wie kein ANDERES.

g

JE LÄNGER KÜNSTLICHE TODES-
VERMEIDUNG AKTIV IST UND ALS
STEIGENDE LEBENSERWARTUNG
VERKAUFT WERDEN KANN, IST
DER MENSCH, JE ÄLTER ER PAS-
SIV WIRD, EIN UMSO
BEDEUTENDER
WIRTSCHAFTSFAKTOR.

0
25
50
75
100
125
150

t

Je . ausgeprägter . die Diversität, desto . notwendiger . . . . ist das Habitat für . die Aufrechterhaltung . . . der

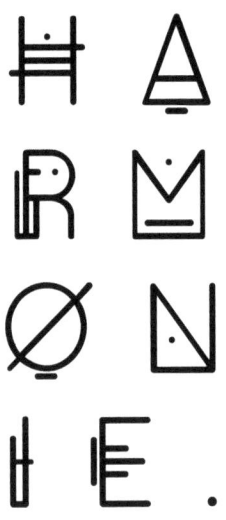

HARMONIE .

S

Das Schöpfen von Lebensformen
aus dem Wesen des Lebens heraus,
ist Ausdruck wahren Fortschritts.
Was wir dagegen mehr und mehr schöpfen,
ist die immer lauter werdende Hoffnung,
dass uns Daten vor allen möglichen Gefahren,
Unsicherheiten und offenen Fragen bewahren.

Im Grunde sind Fakten einzig

VEREINFACHUNGEN

von Interpretationsräumen, die

umso mehr Spannungsfelder zur

Folge haben, je energielastiger an

VEREINFACHUNGEN

festgehalten wird.

i

Natur endet dort,

wo Natur beginnt.

Natur beginnt dort,

wo der Mensch nicht spürt,

was er verloren hat,

als die Natur für ihn endete.e

EIN ANDERER Weg ?

Den menschlichen Missbrauch
ANDEREN Vertrauens in das
Verbrauchen EINES Misstrauens
umwandeln !

Natürliches baut auf der Notwendigkeit auf, bestehende Bindungen, die von Natur aus miteinander verwoben worden sind, zu pflegen und zu stärken — oder aber aufzulösen, wenn keine ANDERE Möglichkeit mehr besteht.

Künstliches baut auf den Möglichkeiten auf Verbindungen mittels Energieraub zu erschaffen, die nicht Anteil an der natürlichen Verwobenheit haben, die diese gar zerstören, um das Künstliche langfristig zu etablieren.

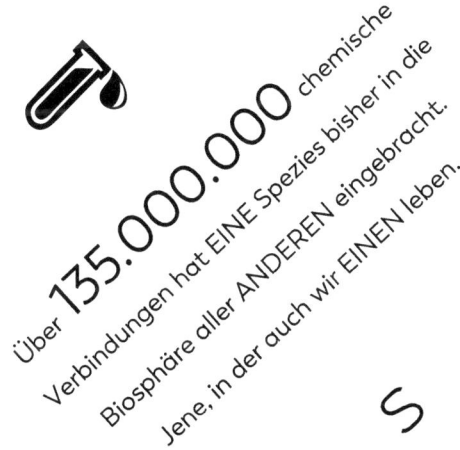

Über **135.000.000** chemische Verbindungen hat EINE Spezies bisher in die Biosphäre aller ANDEREN eingebracht. Jene, in der auch wir EINEN leben.

Die ANDEREN sind immer

antifragil, während wir EINEN

immer fragiler werden,

bedingt dadurch,

dass unsere Gewohnheiten

deren Herausforderungen

sind.

i

Land.

Grenzen vergänglich.

Kein bleibender Zaun.

Jede Begegnung: **fair trade**.

Freiheit.

C

Weide.

Eingezäuntes Land.

Besitznahme von Vergänglichkeit.

Festhalten an EINEM Eigentum.

Raub.

Nacht.

Wolf kommt.

Reißt EIN Schaf.

Wer ist der Räuber?

Mensch.

ZOMBIES sind:

ZEITGEISTIGE

OFFENSIVEN

MENSCHLICHER

BESCHRÄNKTHEIT, die

IMMER

ESSENZIELLER

SPÜRBAR werden.

h

Warum Bakterien hartnäckige Biofilme bilden, deren Infektionspotenzial manch EINEN endlosen Horrorstreifen in unseren Köpfen ablaufen lässt, verdeutlicht das Wesen des Lebens, denn HARMONIE bedeutet das möglichst ausgewogene Verhältnis

von **Nähe** **Distanz**,
Kooperation **Konkurrenz**.

Ein Biofilm ist ein Anzeichen von Distanz, indem die derart verkörperte Lebensgemeinschaft auf Distanz zu den Bedingungen in ihrem Umfeld geht, was nur durch eine besondere Nähe zu all jenen möglich ist, welche dem Biofilm angehören. Ohne ein solches Vermögen von HARMONIE ist von Natur aus keine LIEBE zum Leben möglich.

Das Zauberwort des Fortschritts lautet: Effizienzsteigerung.

Effizienzsteigerung ist EIN Rattenschwanz, von dem die Ratte selbst keinerlei langfristigen Vorteil hat, denn je länger der Schwanz, welcher der Ratte als Beweis für die Steigerung der Effizienz verkauft wird, desto schwieriger wird das Leben für die Ratte – während es Katzen immer leichter fällt die Ratten zu fangen, der langen Schwänze und der dadurch immer unbeweglicher werdenden Ratten wegen. Offenbar haben die Katzen den Ratten verschwiegen, wer tatsächlich von der Effizienzsteigerung profitiert.
Frage: Warum nur bevölkern so viele Katzen die vernetzte Welt?

S

Je △ *höher* EIN Bewusstsein glaubt, entwickelt zu sein, desto mehr teilt sich die Welt in Opfer und Täter, in Jäger und Gejagte und in Räuber und Beraubte — sowie in die Fressenden und die Gefressenen. Daher treiben umso mehr Ängste ihr Unwesen in der Welt, je stummer EINEM Bewusstsein das gegenwärtige Wesen des Lebens erscheint, weshalb es EINE Welt aus Vergangenem und Zukünftigem aufbaut.

e

Ökonomie

Billig ist, was **ungünstig** für das Leben ist.

Billig scheint für EINEN lokal zu sein, was der Spezies global **teuer** zu stehen kommt.

Das Leben gibt es **umsonst** und **kostenlos** ist es obendrein.

Was für alles Leben **günstig** ist, entscheidet das Leben allein.

|

Beginge alles Leben den
Weg des Lebens
gemeinsam, gäbe es nicht
EIN Problem,
weil der Weg des Lebens
einzig ein
Lösungsweg
bliebe.

Permanente Verfügbarkeit

zieht

permanente Nutzung

nach sich

nach sich

nach sich

nach sich

nach ich

S

nach ich

nach sich

nach sich

nach sich

nach sich

EINEM Raub folgt die **Anhäufung** der Beute über die lebensnotwendige Bedürftigkeit hinaus. Angestrebt ist die permanente Verfügbarkeit des Raubgutes, über dessen Verfügbarkeit mit allen Möglichkeiten gewacht wird. Daher kann es von Natur aus keinen Raub geben und sind Raubtiere EINE Erfindung.

 kein Raub ! t.

Je mehr geraubte Energie vor Ort benötigt wird, desto eher sieht der Räuber, was er sehen will – ohne sich selbst als Räuber zu sehen.

Je mehr sich vor Ort auf nicht geraubte Energie beschränkt wird, desto eher spürt man, was wirklich Sache ist – und vermag man Räuber aufzuspüren.

In any coherent community every **member** re<mark>**member**</mark>s every other **member** and is thus re<mark>**member**</mark>ed by every-one of the whole community.

Wir setzen Fortschritt mit EINEM Wohlstand gleich, der nicht zum Fortbestand des Lebens als Ganzes taugt und Lebendigkeit mehr und mehr in freiheitsberaubende Schranken verweist.

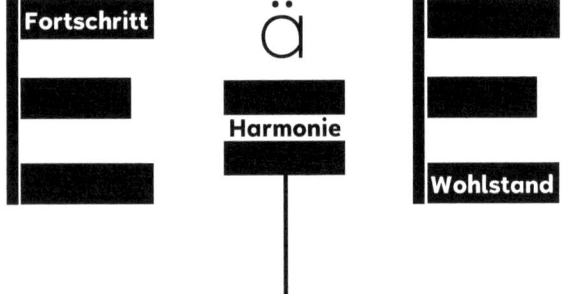

Was ist künstlich?

Künstlich ist, was neue Probleme schafft, ohne EINE Lösung **jener** vorherigen Probleme, die uns das Künstliche als Lösung erst für dringend notwendig erachten ließen.

Ist es daher längst normal, dass uns Künstliches als Lösung erscheint, während wir dem Glauben verfallen bleiben, es sei vielmehr das Natürliche, das zu **den** Problemen führt, die uns zunehmend plagen – wie zum Beispiel unsere Biologie? Dabei ist es die Verkünstlichung des Natürlichen, die immer mehr Menschen allergisch auf das Leben reagieren lässt.

Wir glauben längst, die Sprache des Lebens sei EIN Hinausbrüllen von Harmonievorstellungen, uns beim Brüllen mit geschlossenen Augen die Ohren zuhaltend.

9

DER EINSATZ
ENTWURZELTER ENERGIE
GESCHIEHT IN DER
GEGENWART DURCH DAS
ZURÜCKGREIFEN AUF DIE
VERGANGENHEIT, UM
PROBLEME FÜR DIE
ZUKUNFT ZU SCHAFFEN.

Gemeinschaften, sie wachsen, wenn sie zu klein sind und sie teilen sich, wenn sie zu gross werden.

Von Natur aus.

S

Natur nutzen,

ohne sie zu besitzen

oder sie mit den eigenen

Vorstellungen dauerhaft

zu besetzen – EINE

Eigenschaft, die dem

Menschen zunehmend

abhanden kommt.

The fairest trade –

es bedeutet, ohne Geld
über möglichst kurze Distanzen zu handeln.

Die natürliche Verwobenheit
handelt entsprechend – mit informierter
und nicht minder informativer Lebendigkeit –

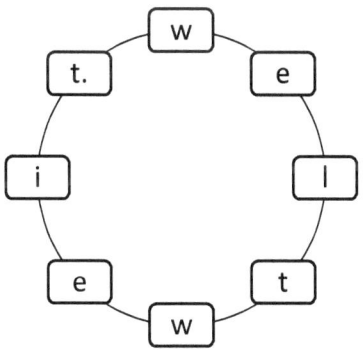

Jedes ANDERE Lebewesen setzt Energie ökonomischer um als jede technologische Errungenschaft der Menschen.

Kein ANDERES Lebewesen würde lange überleben, nutzte es Energie wie wir EINEN sie rund um die  benutzen.

Vergangenes wird mehr und mehr zum künstlichen Kokon im Gegenwärtigen.

Damit der Kokon auch zukünftig bewohnbar bleibt, benötigen die Bewohner immer mehr Energie, die im Kokon von Natur aus nicht verfügbar ist.

Anstatt den Kokon an EINE Steckdose an-zuschließen, verwandeln ANDERE mitunter ihre Vergangenheit im Gegenwärtigen in zu-künftiges Potenzial

S

KREBS: Energiemangel vor Ort, in Form eines Kohärenz-UN-vermögens.

KREBS: Ausdruck eines Zuviels an De-K.O.-härenz, die nicht in den Kontext der Zellgemeinschaft gehört.

REGEN.

Gleite hindurch.

Bewege mich fort.

Kein Tropfen trifft mich.

Trocken.

Regen.

Sonderbare Tropfen.

Tönen die Welt.

Von woher kommen sie?

Wolkenlos.

Regen.

Alles durchdringend.

Kein Regenschirm hilft.

Menschen rennen, sind nass.

Cloud.

DATEN

TRAUMATISIERTE INFORMATIONEN,
DENEN DIE NOTWENDIGE ENERGIE
ZUR ENTTRAUMATISIERUNG
VERLOREN GEGANGEN IST –
ODER ABER, AUS WELCHEM
GRUND AUCH IMMER,
WISSENTLICH VORENTHALTEN
WIRD.

Natürliche Infektionen
sind Informationen, die
tief in der Exformation
der HARMONIE verwurzelt
sind.

S

Künstliche Impfungen sind
Daten, die oberflächig im
Bedürfnis nach Harmonie
verankert werden.

EXITUS

Esoterik bezeichnet ursprünglich das Eingeweihtsein
von Einzelnen in ein Ganzes. Ist das Leben demnach
ex - oterisch unterwegs, als Reise, in dessen Grund-
bedingungen alle Lebewesen eingeweiht sind?
Ex - ergie ist Energie, die wirklich zählt.
Ex - formation ist tiefwurzelnde Information.
Wann sagt der Mensch: >> Leben ist meine Ex.
Vor langer Zeit schon, habe ich mich von ihr
endgültig getrennt.<<

WAS DEM **EINEN** DIE VERRINGERUNG DES KOHLENDIOXIDS BEDEUTET, BEDEUTET **EINEM** ANDEREN DIE ERHÖHUNG DES TITERS. NUR ALLZU OFT IST DER **EINE** DER ANDERE … UND SIND ES ALLE ANDEREN, DIE SCHEINBAR LÜGEN VERBREITEN ÜBER DAS, WAS **EINER** FÜR DIE WAHRHEIT HÄLT.

d

Was allgemeinhin als Krankheitserreger miss- achtet wird, erregt keineswegs die Krankheit selbst, sondern erregt Aufmerksamkeit, mittels Symptomen, für ein bereits vorhandenes Un- gleichgewicht. Daher führt es langfristig zu weiteren Problemen, den Überbringer einer Bot- schaft zu vernichten, anstatt die Botschaft selbst in den Kontext des aktuellen Geschehens und so- mit in die Geschichte, die zum Ungleichgewicht führte, zu setzen.

Während EINEM Einzelnen Energieeinsparungen 💥 und 💥 Effizienz alltagstauglich teuer 💥 verkauft 💥 werden, nimmt, in der Summe EINER Spezies, der Energiebedarf unaufhaltsam 💥 zu.

Willkommen in den Fängen der GIGAMASCHINERIE.

r

Jeder Gleichschaltungsprozess
dient **EINEM** Anderen
als Energiequelle für
eigene Unternehmungen,
an denen er sich
in Form von Wachstum,
Macht, Ego und Profit
bereichern kann,
auf Kosten derer,
die gleichgeschaltet
wurden und weiter
angeglichen werden
müssen, damit die Quelle nicht
versiegt.

Wir essen immer weniger informatives Sonnenlicht. Anstelle dessen ernähren wir uns mehr und mehr von **Sonnenlicht**, befreit von jeglichen Kontexten und an zeitgemäßen Informationen verarmt, **Erdöl** genannt - barrelweise.

NIE IST DAS ERDÖL AN
SICH DAS PROBLEM,
SONDERN DIE
RASEND SCHNELLE
DEKONZENTRATION
JENER ENERGIE,
DIE ÜBER EINEN
SEHR LANGEN
ZEITRAUM SEHR
LANGSAM ENTSTEHT
UND SICH AN EINEM
ORT KONZENTRIEREN KANN.
DAS GILT AUCH,
WENN ERDÖL NICHT
DAS IST, WOFÜR
WIR ES HALTEN*.

Das Lebensende von Lebewesen rückt umso rascher näher, je länger respektive ausgeprägter deren Energieerntefaktor negativ bleibt.

Die negative Folge des Fortschritts **EINER** Spezies, es ist die fortwährende Auslebung negativer Energieerntefaktoren durch weitreichenden Raub von Energiequellen mit möglichst positivem Erntefaktor.

Davon betroffen sind mehr und mehr ANDERE Spezies und Andere der eigenen.

r

Jeden Menschen gegen alles Mögliche zu impfen, ist EIN Thema, das die Normierung EINER Spezies auf die Spritze treibt.

Wo EINE Norm vorliegt, da ist Fragilität nicht fern.

Keine Spezies verkörpert mehr

Kohärenz

als die Summe aller Viren.

Nicht der Summe wegen.

Vielmehr aufgrund ihrer

verschiedenen Kompetenzen

zu HARMONISIEREN,

sprich, die Sprache

des Lebens fließend zu sprechen.

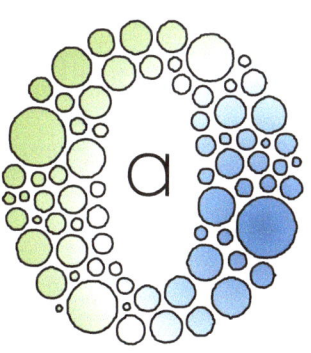

Jeder Mensch
besteht aus mehr
Bakterien als
Koerperzellen.
Jedes menschliche
Genom ist zur
Haelfte viralen
Ursprungs.
Was ist der
Mensch wirklich?

Dass Viren von allen anderen Lebensformen abhängig sind, um der HARMONISIERUNG global nachkommen zu können, bezeugt nicht egoistisches Verhalten ihrerseits. Es ist vielmehr der **deutlichste** Hinweis auf das Wesen der globalen Lebensgemeinschaft, welches alle Lebensformen **gemeinsam** verkörpern, gemeinsam mit den Viren, durch deren Möglichkeiten.

e ...

... WAHNSINN